그
깟 사랑이 무어
라
고

그깟 사랑이 무어라고

초판 1쇄 발행 2024년 7월 29일

지은이 정광호
펴낸이 장길수
펴낸곳 지식과감성#
출판등록 제2012-000081호

교정 이주희
디자인 오정은
편집 오정은
검수 김나현, 이현
마케팅 김윤길, 정은혜

주소 서울시 금천구 벚꽃로298 대륭포스트타워6차 1212호
전화 070-4651-3730~4
팩스 070-4325-7006
이메일 ksbookup@naver.com
홈페이지 www.knsbookup.com

ISBN 979-11-392-2005-6(03810)
값 10,000원

- 이 책의 판권은 지은이에게 있습니다.
- 이 책 내용의 전부 또는 일부를 재사용하려면 반드시 지은이의 서면 동의를 받아야 합니다.
- 잘못된 책은 구입하신 곳에서 바꾸어 드립니다.
- 본 시집은 강원특별자치도, 강원문화재단 후원으로 발간하였습니다.

지식과감성#
홈페이지 바로가기

정광호 시집

그 깟사랑이 무어라고

책머리에

　소박하거나 화려하거나 향기가 있거나 없거나 세상의 꽃들이 대개 보기에는 아름답습니다. 하지만 생겨난 설화와 꽃말은 하나같이 애잔하고 슬프고 절박한 이야기들로 야박하고 모진 세상살이를 드러내면서도, 애틋하고 희망찬 웃음을 담는 결말로 매듭짓습니다.
　그렇게 노랗고 빨갛게 울긋불긋한 겉의 아름다움 속에 숨죽이고 있는 설화와 꽃말들로 시를 꾸미고 싶었습니다.

　나의 허세와 허튼 실수까지도 묵묵히 덮고 기다리며 반평생을 함께 지낸 아내와, 부족함이 더 많은 아버지를 보듬으며 올곧게 성장한 아이들에게 고마운 마음을 시에 담고 싶었습니다.
　다만 나의 조급증으로 온전한 시가 되지 못한 채 세상에 나오기를 보채는 바람에 공감의 몫을 독자 여러분께 맡기며, 전계업 선생이 그려 주신 내 얼굴 그림을 시집에 담겠다는 약속을 지켜 다행이고 고마운 마음을 인사로 대신합니다.

　시집을 내겠다는 내게 송진규 선배님께서
　"꽃을 좋아하기 시작하면 늙는 거라더라."라고 하시던 말씀을 생각하며, 나이로 늙기보다 여물어 익어 가는 인생이 되기를, 그런 시로 마무리 짓기를 꿈꾸는 소망으로 살며 가꾸는 행복의 씨앗을 틔우겠습니다.

　고맙습니다.

태백 지지리골 자락 끝에서
利利 정광호

목차

책머리에 　　　　　5

하나

송화	10
원추리	11
박꽃	12
구절초	14
초롱꽃	16
할미꽃	18
개망초	19
복숭아	20
심봤다	21
자화상 10	22
자화상 12	23
자화상 16	24
아버지의 자전거	25
이팝나무	26
감자	28

둘

산수유	30
베고니아	31
꽃다지	32
과꽃	34
벌개미취	36
코스모스	37
조뱅이꽃	38
꽃무릇	39
해바라기	40
호박꽃	42
꽃마리	44
능소화	45
라일락	46
파초	47
양귀비	48
채송화	50

셋

개화	52
방가지똥	53
클로버	54
메꽃	56
개나리	57
제비꽃	58
누졸재 자수한 뜻이	59
자화상 11	60
해몽 6	61
해몽 7	62
해몽 8	64
소금산 출렁다리	65
양파	66

넷

보리수	68
쪽동백	69
박주가리	70
쑥부쟁이	72
애기똥풀	74
냉이꽃	75
달맞이꽃	76
쥐똥나무	77
아내 3	78
다알리아	80
자화상 9	81
자화상 13	82
자화상 14	83
자화상 15	84
사랑과 감사의 기도	85
시평을 대신합니다	94

- 이름이 있어야 이름값을 합니다

안녕 난 곰효곰
줄단도끼를 좋아하지

송화(松花)

비 개인
마당 가득
꽃이 피었네
노랗게 노랗게

울 넘어
실개천도
송화 꽃가루
여울져 흐르고

아이들
가방 메고
학교 가는 길
웃음꽃 피었네.

원추리

엄마는 어린 나에게 늘 미안하다고 하셨습니다.

엄마 나이 환갑이 지나고 허리가 굽어지더라도
함께 다니겠냐고 묻는 말에
"업고 다니면 되지요." 대답했더니
엄마는 소리 없이 눈물을 훔치고 계셨습니다.
나는 엄마가 서운해서 그러는 줄 알았습니다.
그래서 나는 더 서럽게 소리 내어 울었습니다.

환갑이 지나니 미안한 것이 많아집니다.

그때 엄마의 눈물이 고마운 마음인 것도 알게 되고
지금은 오히려 아무 말 하지 않는 아이들에게
미안한 마음으로 몰래 눈물만 훔칩니다.
품을 떠난 아이들의 소식을 기다리는
그리움도 오히려 고마워집니다.
오늘 하루도 즐거웠습니다.

박꽃

나 어릴 때
세상에서 제일 예쁜 사람은
엄마였습니다. 누이였습니다.

아픈 엄마는 뿌리치던 내 손을
안타깝게 바라보다가
차라리 내 가슴에 들어와
영원한 삶을 살기로 했답니다.
그리고 누이도
엄마가 되었습니다.

나도 어느새
아버지가 되었습니다.
먼 길을 돌아 그맘때 엄마
나이처럼 허옇게 머리가 세고
누이는 여전히
예쁘기만 한데

손 내밀면 반겨 줄까

오늘도 동산 위로
누이 닮은 보름달이 떴습니다.

구절초

엄마는 그날도
밖에서 지치도록 놀다 들어온
나의 꽁꽁 언 손을 당신의 볼에 비비며
온몸 가득 끓어 오르는 열을 식히셨습니다.
영문을 몰라 뿌리치려는 나를
으스러지도록 끌어안으며
눈물을 삼키셨답니다.

방아질에 물질을 견디며
허리가 휘고 무릎이 꺾이도록
내색 않던 엄마는
가슴이 문드러지고 피고름을
뱉어 낼 즈음이 되어서야
윗방에 누운 채 조왕신竈王神께
아들 장가드는 날 물으셨답니다.

가슴에 묻었던 엄마 기억이
조금씩 무너져 내려앉으며
지친 마음으로 이따금 찾는

엄마 가슴을 닮은 무덤가에 다다르면
나즉나즉 구절초 열 지어 피어
뿌리치는 내 손을 끌어 쥐던 그날처럼
여전한 미소로 반겨 줍니다.

초롱꽃

아픈 누이를 위하여
아우는 깊은 산골을 헤매었습니다.
돌아오지 않는 아우 걱정으로
누이는 산언덕 마중 길에 죽었답니다.
꺼져 가는 숨결을 한데 모아
아우 돌아오는 길 밝혀 줄
초롱불을 닮은 꽃이 되었답니다.

아우는 누이를 가슴에 묻고
달리며 길을 물었습니다.
불로장생不老長生 명약名藥은 아니더라도
오누이 깊은 정이 오롯이 피어나는
언제쯤 그곳에 닿을 수 있는지를
누이가 발돋움하며 기다리고 있을
그곳, 피안彼岸으로 가게 해 주셔요.

핏기 가신 누이의 입술은
웃음도 잃고, 사랑의 말도
잊은 채, 땡볕 받아 늘어진

이파리처럼 두 손을 늘어뜨리고
허기진 배로 길을 재촉하고 있을 아우
걱정하는 깊이만큼 온몸이 무너져 내리며
초롱불 닮은 눈물만 아롱집니다.

할미꽃

먼
산속
무덤가
양지녘에
허리굽어진
꽃이피었어요
끔찍이사랑한
손녀생각에
슬피울다
쓰러져
꽃이
되었대요. 서럽고 외로웠지만
미안하고 사랑하고 용서한다고
손녀들 행복을 빌고 있었대요.

개망초

개똥도 약에 쓰려면 귀하다지요.
그런데 어디 아픈 데가 있어야지요.

싸우면서 정든다는 말
우리 엄마를 보면서 실감했어요.
맨날 웬수 같다던 아버지였는데
두 손 꼭 잡고 마지막 길을 보내셨어요.
닭똥 같은 눈물만 삼키시더니
그예 아버지를 따라가시더라고요.

저도 엊그제
아내랑 철천지원수마냥
한바탕 싸우고 말았는데,
냉수에 체한 듯 가슴이 답답하네요.
애들까지 그저 제 엄마 편만 드는 것 같아
서운하기도 하지만

그래도 사랑하는 사람이잖아요.
제가 먼저 손 내주어야 할까 봐요.

복숭아

바닥에 누이면 꺼질세라
안아 들면 날아갈세라
돌아서면 잊힐세라
보아도 보아도
그리움만 깊어지는 사랑입니다.

내 손에 쥔 것 다 주어도
못다 한 것을 찾으면서
지나고 보면 아쉽고
넉넉하지 못함에
미안함만 깊어지는 사랑입니다.

월하月下의 인연도
삼겁三劫의 업보業報도
여기까지인 것을
아니 아니, 지금부터인 것을
그렇게 깊어만 가는 사랑입니다.

심봤다

몇 년째 병명病名도 모르는 통증으로
괴로워하는 아내 병증病症을
소문내었더니 비책祕策도 갖가지입니다.

그렇게 입소문으로 처방을 받던 중에
지인이 내게 산삼山蔘을 소개하면서
함께 산에 오르잡니다.

치악산 금대리 삼질蔘質이 좋다며
마루턱 몇 개를 넘게 하더니 오늘은
태종대 산자락 능선을 넘고 넘었습니다.

그렇게 삼척 하장에서 인제 양구로, 다시
백운산으로 넘나드는 동안 아내도
나도 튼실한 웃음을 웃게 되었습니다.

자화상 10

사진을 보다가
사진 속의 내 얼굴을 보다가
문득 나를 놓쳤다.

지금의 모습과는 사뭇 다르게
우쭐우쭐 가슴을 내밀며
내가 섰던 자리에

한참 성장통을 앓던
그맘때, 나의 아들이
대신 웃고 있다.

아들을 닮은 내가
아들과 아버지가 함께
웃고 있을 뿐이다.

아내를 바라보는 남편이 있고
딸을 향해 미소 짓는 아버지가 있을
뿐이다. 내가 섰던 자리에

자화상 12

어린 시절 내내
설빔 받지 못하는 것보다 기차 타고 큰댁에 가지 못하는 추석이며 설날이 더 서운했습니다. 우리 집으로 모여드는 집안 어른들 심부름했던 기억만 있는 나에게 버스 길이 막히고 도로가 왼통 주차장이 되었다지만, 지루한 기색은 전혀 없이 무용담 삼아 자랑하는 친구들이 부러웠습니다.

아이를 낳고
십여 분이면 닿을 형님 댁 가는 설날과 추석날엔 아이들을 재촉하며 어릴 때 부러웠던 추억을 들려주지만 듣는 놈들은 시큰둥하기만 하더니, 상급학교에 진학하면서 아이들은 가까운 큰댁 왕래도 성가시게 여기며 제 방에 들어앉을 구실 만들기 바쁩니다.

이제 곧 설날입니다.
아이들 얼굴이라도 보아야 큰아버지께 함께 차례 모시지 못하는 핑계라도 붙일 텐데 아이들 회사 일은 왜 그리 바쁘기만 한지요. 하긴 나도 처음 직장 들어가서는 명절마다 당직을 서야 했지요. 집에 한번 내려올 겨를도 없이 바삐 지내는 아이들이 안쓰럽고 걱정만 늘어 갑니다.

내가 서울 가서 아이들을 찾으면 좋아하기는 할까요?

자화상 16

저녁 찬거리 걱정하는 아내를 대신해
식자재 마트에 갔습니다.

눈으로는 이것저것 비교하면서
어느새 제일 싼 물건에 손이 갑니다.

마음 한 켠으로부터
그놈이 그놈인 게야 되뇌이는 소리를 듣습니다.

오늘도 아내는
마음에도 없는 잔소리로 놀리겠지만

아이들 자취방 냉장고에 넣어 둔
한우 등심 생각에 마음 흐뭇한 저녁입니다.

아버지의 자전거

아버지의 자전거는
오늘도
삐뚤빼뚤
길을 가로지르며
아버지를 태워 옵니다.

술 취한 자전거는
용케도
뒤뚱뒤뚱
차를 피하며
귀갓길을 재촉합니다.

아버지는 발판에
얹은 발이
미끄러지기라도
할까 봐 핸들을 움켜쥐고
내려올 줄 모르십니다.

이팝나무

논이며 밭을 가리지 않고 죄다
갈아엎어서 아파트가 되고
고속도로가 되는데도 쌀은
농민들 한숨만큼 쌓이며 남아돌아
처치 곤란이라는데
옛날얘기마다 하나같이
며느리의 한이 되고 효자의 설움이 되어
전해지는 것일까

제삿날 꺼내 놓은 쌀로
친정에서도 지어 본 적이
없었던 쌀밥을 안치면서
제대로 익었는지 몇 알갱이 손에 묻힌
죄로 목까지 매어야 했던 것일까
시어머니 모진
구박을 견디지 못할 만큼
한스런 꽃으로 피어나야 했을까

등골이 휘도록 품팔이를 하여도

주린 배는 채워지지 않는데
오랜 병으로 사경을 헤매는
어머니의 마지막 밥상에 올린 이밥
한 그릇이 정말 묵은 병까지 낫게 했다는
간절한 소망의 효험이 되었을까
이밥을 담은 엄마와 겸상을 하며
대신 고봉으로 얹었던 이팝꽃

비에 젖은 눈송이마냥 바람에
날리며 이팝꽃 소복이 쌓이면
비로소 소쩍소쩍 솥적다 울던
소쩍새처럼 설렘으로 밤을 지새우며
퍼렇게 무성해지던 논이며 밭은
오늘도 공사 차량으로 분주한데
쌀값 빼고 끝없이 치솟는 물가 걱정만
한숨에 묻혀 자맥질합니다.

감자

굽은 길이나 솟은 언덕이나
가자시는 대로 따라갑니다.

햇빛보다 먼저 닿는 바람으로
내민 볼 퍼렇게 소름 돋아도
사랑은 가슴 깊이 괴어듭니다.

당신으로 붉어질 보조개 오목
다문 미소 살포시 배어들 때면

별 총총
걸음 총총
그리움 총총

산수유

작년에
맺은 씨앗
그대로인데
봄볕은 어느새

꽃망울
터뜨리며
새로운 인연
맺으려 합니다

베고니아

무어라고 한마디
말로 하거나 한 줄
글이라도 써서 드러내 보여야
증표證票가 되는 것일까.

그깟 사랑이 무어라고
콩닥이는 가슴을 속으로 삭인 채
어깨는 늘어지고, 세상 근심은
죄다 내게로만 오는 것일까.

한 걸음 다가서면
열 발자국 물러서서 여전히
나만 바라보고 있는 당신
괜스레 내 볼만 발개지는 것일까.

그래도 여전히 내 사랑인걸
바라만 보아도 마음 포근한
괜찮다, 괜찮아.
괜찮고말고.

꽃다지

저절로
되는 게
무엇 하나 있을까 싶지만
그렇게 이룬다 해도
모두 다 기억되는 것은
아닌가 보다.

새싹이 피고
꽃이었다가, 열매 맺어
바람에 날리도록
앙가슴 골 가득 파고들던
그때, 목숨보다 버거운
젊은 사랑도

삶의 무게로
힘겹게 누르며
눈물과 함께 감추던 날갯짓
하늘은 어디일까, 아직

상고대 시샘하는 3월 들녘마다
꽃망울만 터지는데, 펑펑

과꽃

봄비가
아니어도
눈처럼 녹아내리며
따뜻해지는
햇살 고운 아침이면
좋겠습니다.
늘

당신은
오늘도 내게
사랑이 아니어도 좋은
예쁜 미소로
애틋한 기다림을
남겨 두었지요.
언제나처럼

기다리고
또 기다려도
내 사랑은 여전히

당신뿐이던걸요.
그렇게 손 내밀면
닿을 것 같은 당신의
숨결입니다.

벌개미취

깃털보다 가벼운 것이
사랑이라고, 그래서
한곳에 있지 못하고 마음과
마음을 넘나드는 것이라는데
내게 사랑은 이리도 무디고
두텁기만 한 것일까

당신에게 던진 말
한 마디 한 마디가
비수가 되고 화살이 되어
내 기억마다 이렇게
아물지 못하고
아프게 하는 것일까

몸이 멀어지면 마음도
덩달아 멀어진다지만
옹이가 굵어지듯
내 잘려진 기억들만
선연한 그리움으로 남아
눈물 자국이 되는 것일까

코스모스

소망으로 만드는 것과
머리로 만드는 것
눈과 입으로
만드는 것

모두 당신의 몫입니다.
세상의 이치가 그렇답니다.

그리움도 차고 넘치면
오히려 잊혀진
평안이 되고
사랑이 되는 것

바람이 붑니다. 다시
그리움의 싹이 피어나려 합니다.

조뱅이꽃

저절로 피는 꽃
저절로 싹트는 사랑
저절로 생각나는 사람
저절로 깊어지는 그리움

시간도 저절로
사람도 사랑도
저절로 저절로
저절로 그리움도

몸이 멀어지면
마음도 따라 잊혀진다지만

나를 잊지 마세요

꽃무릇

이제 돌아서야 할
때인가 봅니다.

기다리며
설레던 마음
한바탕 눈물로
그리움마저
떠나보내듯
내려놓았습니다.

그렇게 떠난 후에
당신이 그 자리에서
다시 나를 기다린다 해도
그날 울음 울던
눈물 자국까지
기억이나 하겠는지요.

추억마저 아득한
사랑을 마치렵니다.

해바라기

오늘도 흐림

깊은 사랑은 그만큼의 그리움이 되고 원망이 되어
귀먹고 눈이 멀어지도록 말하지 못하겠네.
그래도 버리지 못하는 사랑만 남아

어설픈 약속을 하고
울지도 못하겠네.
깨어질 줄은 꿈결에라도

그려 본 적 없는 마음만 믿어
그대를 믿었던 만큼 나를 믿었었는데
구름 뒤에 숨었던 햇살 때문에 눈 뜨지 못하고

사랑인 줄도 모르고
그저 바라보는 즐거움으로
내 온전한 행복을 꿈꾸던

그렇게 숨어서 다가오는 사랑이

그렇게 눈 감은 채로 당신인 줄만 여겼다네.
내 모든 것을 다 주어도 좋을 사람인 줄로만 여겼다네.

당신이 계신 그곳은 오늘도 맑은가요?

호박꽃

범종을 만들던 한 스님의
죽었다 다시 태어나도 이룰 수 없는
공력이 무너지는 절망 앞에 피어난 꽃
뿌리까지 파 들어가니 비로소
노란 꽃을 닮은 종이 나왔다지요.

가을걷이로 한창 바쁜 밭머리에
호박꽃 노랗게 피었습니다.
올해는 첫서리부터 매서울 거라던데
무청은 어느새 끝으로부터 얼어 오는데
무심한 사랑인 듯 꽃봉오리 벌고 있습니다.

산사山寺 아래 가을 시화전을 위해
작품 한 점 청탁하겠노라는 공염불 같은 약속
기다리다가 어느새 단풍이 깊어지고
선배 문인의 성화에 서리 맞은 걸개 시화들을
덤덤하게 둘러보고 왔습니다.

미움도, 원망도

청승맞은 서러움도 모두
세월이 지나면 웃음이 되고 마는 것을
그저 한 덩이 열매 맺기를 바라는
무딘 사랑으로 노랗게 피었습니다.

꽃마리

당신이 내
가슴에 들어오던
그때가 언제인지 모르겠어요.

새벽이 깊도록
고개를 들면
하늘 가득 발길에 채는
은하수 길을 걷듯
그렇게 무심히 지나면서
나를 잊지 마세요.

그렇게 멀어지는
당신을 기다리며 나도
파란 은하銀河가 됩니다.

능소화

당신의 가쁜 숨결이 가득한
문지방을 넘던 그날부터
사랑이 아니었더라도

발자국 소리를 기다리며
목소리마저 아득한 담장을 서성이다
제 그림자에 펄쩍 놀라고

발끝을 세우며 귀를 쫑긋 열어
내 자랑이 되어 버린
당신께 숨이 멎도록 달려갑니다.

오직 당신뿐인걸요.
사랑이 아니어도 좋을
하늘까지 닿을 우리 삼생三生의 인연은

라일락

흔한 말로
사랑 한번 안 해 본 사람
어디 있을까 싶지만
그건
사랑이 아니라고, 그저
젊은 한때 치기稚氣일 뿐이라고

나도 그렇다

그렇게
말하는 가슴 한 켠에는
꼭꼭 숨겨 둔 사랑이 있어
가끔씩 가슴 아린 비밀이 된다
다시 뜨거워지는 추억
속으로 빠져들곤 한다

파초

두 눈에 담고
가슴 가득 품었던
당신을 잊었습니다.

눈물을 감추고
먼발치로 바라기 하던
하루하루를 지웠습니다.

그리운 마음도
기다리던 시간도
하얗게 새하얗게

꿈을 꾸듯
보았던 당신, 잠결인 듯
꿈결인 듯 잊었습니다.

양귀비

왕자는 정원을 거닐다
발목에 금실을 두른 채
좀처럼 울지 않는 새 한 마리를
발견한 날 밤에 꿈을 꾸었습니다.

꿈속에서 왕자는
아라후라 나라의 공주를 만나
금실을 끊고 달아난 새 이야기를
들었습니다.

잠에서 깨어난 뒤에도 아른거리는
공주가 제일 좋아하는 꽃 이름과
그 앞에서만 노래 부르는 새와
같은 이름을 가진

왕자의 손을 뿌리치고 사라진
공주를 찾아 아라후라 성의
파수병이 된 왕자는 여태껏 본 적 없는
꽃을 꺾어 들고 돌아왔습니다.

새가 노래 부릅니다.
"파파벨라! 파파벨라!"
파파벨라 공주와 결혼한
왕자는 평생 행복하였답니다.

나의 사랑, 나의 위로
반평생을 그리하였고, 또 남은 그만큼
함께 꿈꾸는 당신이 있어
나도 행복합니다.

채송화

저마다 한 가지씩
내세울 건 없어도
어우르며 토닥이며
살아갑니다.

여린 손길로
따슨 가슴으로
간지럼 태우듯
속삭이며
나누는 사랑

상기된 얼굴

가만히 고개 들면
보조개 오목
붉어집니다.

안녕 난 충무돈끼
꼬냥꼼을 좋아하지

우린 꿈이 좋아♡

개화(開花)

하루면
되겠어요?
아니면 이틀
오늘도 如三秋

서둘러
될 일이면
벌써 폈겠죠
欲速不達인걸

방가지똥

사랑하다
서운함으로
미운 마음에
등 돌린 채
기다리며
그리워하고
그것마저
지쳐 잊으려는데
정이 되었습니다.

사랑도 가고
미움도
그리움도
기다리는 마음도
모두 떠난 그곳에
정만 남았습니다.
가슴을 파고들며
눈물이 되고, 다시
웃음으로 꽃피우는

클로버

그녀가 클로버를 갖고 싶다고 했을 때
하늘에 별도 달도 따 주어야 하는데
참 쉬운 일이다 생각했지요, 처음에는

어릴 때 만들었던
꽃반지처럼, 그저 세잎
클로버면 되는 줄 알았거든요.

그녀는, 행운이 가득한 미래를 바란댔어요.
나를 사랑하게 된 것처럼
지금도 충분히 행복하다면서

그 말을 따라 들판을 헤집다 보니
네잎클로버가 있기는 하더라고요.
한두 개가 아니더라고요.

그중에 하나 벌레 먹은 잎을 꺾어 들면서
갑자기 가슴이 뻥 뚫리며 허물어지는
헛발질로 허청거리는 나를 보았어요.

나는 행운아. 사랑도
행복도 늘 가까이 있음을. 땀방울
송송한 얼굴 훔쳐 내며 알게 되었어요.

메꽃

목청을 가다듬고
당신을 향해 힘껏 노래하지만
소리는 들리지 않고
얼굴만 발그레 달아오릅니다.

그대 발자국 소리
가슴이 뛰듯 가까워지면
여기 있어요. 목소리만 맴맴
고개를 들어 쳐다볼 수 없지만

기다리는 당신의 목소리
아니더라도 눈길만 마주친다면
그때부터 온전히
나의 영원한 사랑인걸요.

개나리

눈까풀에 콩깍지가 씌어 그런 거라고
머지않아 너의 사랑도, 너의
행복도 다시 찾아오게
될 거라고

그렇게 눈에 넣어도 아프지 않을
소중한 사람이었지만 언젠가
몸이 멀어지면 마음도
멀어지게 된대도

당신의 사랑보다
나의 사랑을 의심하고
애타는 마음으로 바라보면서
변치 않을 행복이라 믿었었지요

콩깍지가 벗겨지고
당신을 담았던 눈가에
피가 맺혀도 변하지 않는
그런 사랑은 당신입니다. 영원히

제비꽃

옹기종기
무릎 맞대고 앉아
소꿉 놀다가

버덩 건너
기찻길 기적 소리 울리면
어느새 눈길은 사립문을 넘으며

괜스레 붉어진
귀를 쫑긋 세우고
동무들 목소리도 건성건성

스무 걸음 남았을까
열 걸음이면 마당일까
내 가슴속 발걸음만 콩닥콩닥

누졸재(陋拙齋) 자수(自守)한 뜻이

영욕榮辱을 채우고 치부致富를 하려 들면
학문도 해박該博하고 과거科擧도 거뜬한데
누졸재陋拙齋 자수自守한 뜻이 천리天理에 있음에랴.

백성의 도리로서 충효忠孝에 극진極盡하고
절의節義를 실천하며 사도師道의 본본이 되니
깃처럼 던진 목숨이 바위보다 무거웠고

지난날 회상하고 앞날을 그려 보니
부끄러움 전혀 없고 두려움도 있지 않아
배우고 가르침 일어 민족의 스승 되었네.

버리고 내려놓은 세속世俗의 입신양명立身揚名
천년을 이어받을 민족정기 근간根幹 되니
누졸재陋拙齋 자수自守한 뜻을 우리도 따라 보세.

자화상 11

추수감사절이 되었습니다.

저마다 수확을 기뻐하고
성취에 감사하며
기도와 찬양으로
노래하며 사랑하는 마음으로
축복을 나눕니다.

그중에 내가 있어 돌아보니
이루지 못한 것들과
잃거나 빼앗긴 것들을
가슴 먹먹한 아쉬움으로
서운한 마음 달래고 있습니다.

저들의 성취와 다르게
잃고 빼앗겨 이루지 못한 것들이
내 탓이어야만 했는지
억울하고 화가 치미는
순간을 삭이고 나면, 다시

나를 반성하는 시간이 됩니다.

해몽(解夢) 6

널찍한 다락방이 참 좋았어요.
이리 뒹굴 저리 뒹굴,
달리기도 하고 숨바꼭질도 하려면
동무가 있어야겠더라고요.
그런데
방문을 열고 보니 천 길
낭떠러지가 여기이던걸요.
다시 올라간 기억은 없는데
어느새 오금이 저리도록 곤두박질치기를
몇 번째인지 모르겠어요.

꿈에서 곤두박질치면 키가 큰다고들 하는데
내 나이 이순耳順인걸요.

해몽(解夢) 7

무언가 잘 모르겠지만
연신 저울질을 하고 있었어요.
자욱한 안개 사이로
허공에 붕 떠 있는 채로
다소곳한 나를 보았어요.

내 어깨 위에서
보이지도 않는 무언가를
한 옴큼 집어 허공에 올려놓으면
나에게는 보이지도 않는
무게가 되고

또 한 옴큼 들어
무게를 재고
그때마다 나를 힐끔
쳐다보던 그분의
까만 도포 자락만 보였어요.

그저 막연히

저것이 내 삶의 무게려니
짐작만 하며 기다리는데
어깨 위에 것들은 줄어들지 않고
오십견 통증도 그대로이던걸요.

이럴 줄 알았으면
초등학교 때 교장선생님 표창장부터
공로상과 감사패에 유공훈장까지
한쪽 어깨에 짊어지고 다닐걸
이제사 후회한들 무엇 하겠어요.

해몽(解夢) 8

며칠 전
가슴이 뻥 뚫리는
방귀 소리와 함께
소똥만큼이나 질펀하게
누런 똥 한 무더기
지게 작대기 같은 똥
한 줄기를 지려 놓고
잠에서 깨었어요.

해 지기 전까지는
꿈 얘기를 하지 말라던 어른들의
말을 곱씹으며 냉큼
복권방으로 달려갔지요.
언제나 그렇듯이 저는
기부 천사가 되어
웃음으로 주말 시간을
정리하고 말았어요.

소금산 출렁다리

금강산을 닮았대서 부르는 소금산
여행객 눈길 끄는 풍경으로 여겼는데
기찻길 끊어진 뒤에 절경으로 우뚝 섰다.

육백 계단 숨 고르며 출렁다리 다다르면
아래로는 골바람 하늘에는 구름 둥실
한 발짝 내딛는 걸음 가슴부터 출렁이네.

오던 길 돌아설까 내친김에 마저 갈까
맞은편 마루턱에 유리바닥 울렁다리
당신은 그 너머에서 손 흔들며 기다리는데

양파

알몸으로라도 말
하지 못하는
속
겹겹이
가리운
눈
물

너빠 눈을 그렇게 떠?
닌 뭐하는데 ㅋㅋ?

아빠 오늘하루도
잘보내요♡
사랑해ㄱ.＜!

보리수

흰
꽃으로
피었다가

붉은
입술 하나
제 몸 불사르며

가부좌로
그대
어느새 열반涅槃

다시 꿰는
백팔번뇌
백팔염주

쪽동백

어제를 닮은
오늘
아침
하루를
시작합니다.

내일이
있기는 한 걸까
물어볼
겨를도 없이
달려갑니다.

꽃길을 지나고
그늘을 만나도
내 것이 아닌 걸
그렇게 어제를
닮은 뜀박질을 합니다.

박주가리

이제 그만 떠나야겠습니다.

억겁億劫의 인연이나
삼생三生의 운명도
업보業報의 등짐 지고 걷는
역마驛馬의 질긴 돌림길이려니

고마워하며
기뻐하며
즐겁게
애쓰면 되는 줄 알았습니다.

그래도 미치지 못하는 바람이야
과욕過慾이라 여기며 내려놓기를
다반사로 마음 달래느라
주름이 깊어졌습니다.

석 달 열흘을 풀어놓아도 모자랄
가슴에 묻은 이야기는

가는 길에 마주치는
바람결에나 주어 보내야겠어요.

안녕히 계셔요.

쑥부쟁이

세상에

약속처럼 흔한 게
또 있을라고요.

웃음보다 더 많은
눈물은 아롱아롱 여미어 두고
당신께는 미소로 기다립니다.

가슴에 불을 담고
그렇게 타들어 가는 사랑으로
깊은 밤중까지 찾아 헤매다
마지막 불씨마저 사그라들면

무더기 져 피어나는
꽃이 되고, 꽃씨가 되어
당신의 손길을 기다리겠어요.

어디 바람 부는

벼랑이나 숨 가쁜 언덕에

기대어

애기똥풀

지난밤
별똥별이 길게 포물선을 그리던
그 끝에서 흐릿한 눈물로
별 하나 피어나는 걸 보았습니다.

오늘 아침에
그날, 내게로 달려와 품에 안기며
당장 숨이 멎어도 좋을 것 같았던
당신의 숨결을 가슴에 묻었습니다.

복받치는 설움에
절절한 울음으로 눈물조차 마르고

홀로 피는 꽃이고 싶습니다 이제는

냉이꽃

3월이라고 해도 아직은 칼바람인걸요.

앉은뱅이 종종걸음 하듯
넘어가는 해거름 뒤로
살얼음도 지던걸요.
성급한 매화 꽃잎이 흰
눈꽃처럼 내려앉으면
비로소
허리 숙여 살펴야 보일 것 같은
꽃망울 틔울 때부터
꽃대궁에 힘이 배일 때쯤이면
뿌리는 목심木心 박히듯
꼿꼿이 자리 잡고서
이파리도 하늘만큼 넓고 푸르게
자리를 펴고
온전히 기다립니다.

당신께 나의 모든 것을 드려야겠습니다.

달맞이꽃

온전한 신념을 갖게 하시고
화평한 생활을 지켜 주시며
몸과 마음이 강건하게 하소서.

당신을 믿는 마음으로
늘 기도하며 노력하게 하시고
그 결실에 기뻐하게 하소서.

언제나 고마움의 눈빛으로
마주 서게 하시고
나란히 바라보게 하소서.

내 손에 쥔 모든 것을
고루 펴서 나누게 하시고, 그것이
풍요로움의 씨앗임을 알게 하소서.

사랑의 시작이 되며
평안의 중심이 되고
감사의 은총임을 알게 하소서.

쥐똥나무

기다림이 있고
그리움이 있는
삶의 여로

그 속에
내가 있고
당신이 있기에

건강합니다.
즐겁습니다.
그리고 행복합니다.

아내 3

당신만을 사랑하던 당신

그때를 그리워할
겨를도 없이 당신은
눈물로
보석을 만들었습니다.

그렇게
소중하게
동여매고 품었던
사랑의 눈물은 주름이 되고

돌아보면
당신을 닮은
세월이 우화羽化하며
날갯짓으로 떠나갑니다.

이제 당신의 가슴에
웃음을 품어야 할 때.

추억만으로 채우기에는
외길로 지나온 골이 깊어

내 사랑을 드리겠습니다.

다알리아

종지의 간장도 찍어 보아야 짠맛을 알고
구슬이 서 말이라도 꿰어야 보배라고
말들 하지요.
당신과 얼굴을 맞대고 무릎을
맞대고 지내는 동안 쌓였던
푸념과 잔소리와 단념의 일상들이
그리워질 때 비로소
당신의 참사랑을 알게 되었습니다.
기쁨으로 달려갑니다.

아직 그 자리에 계신가요.

자화상 9

월급 받은 용기로 족발을 시켰다.
오늘도 아내의 쥐꼬리만 한
월급 탓하는 소리를 안주 삼으며
소주 한잔으로 위로받는다.

분명 나에게 하는 소리는 아닐 텐데
나 들으라고 하는 소리처럼
들리는 것도 자격지심일까
얼마 남지 않은 정년停年의 조바심일까.

그나마 알량한 월급 받을 날도
얼마 남지 않았는데, 그다음에는
또 뭔 소리를 내게
하는 것처럼 듣게 될까 몰라.

자화상 13

일기 쓰듯 하루를 정리하고
나를 돌아보며 되뇌던 반성조차
생채기 뒤에 일그러지며
눌러앉은 흉터가 되어 버렸다.

가마솥 안에서 뜨겁게
달구어지며 구수한
누룽지가 되기를
바랐는데

노구솥 바닥
검댕이 같은 그을음이 되어
남들에게까지
재를 묻히고 말았다.

자화상 14

내려놓고
버리면 그만큼
행복해진다고 합니다.

한 걸음 뒤로
물러서서 양보하면
내 것이 된다고 합니다.

그만큼
올라가 본 적도
가져 본 적도 없는

벼랑 끝
조바심뿐인 나에게는
돌팔매가 되었습니다.

자화상 15

엊그제 밴드 한 곳을 탈퇴했습니다.
덕담부터 미담에 교훈까지 세상 좋은 사연은 다 올려놓는데 정작 올린 이의 얼굴은 보이지 않는 때문입니다. 가끔씩 내 직장 얘기라도 올려놓으면 표정 하나 댓글 하나 덧붙이지 않지만 퍼다 나르는 사연에는 좋아요 표정 짓기에 바쁜 때문입니다. 애경사를 한 줄 올리기라도 하면 위로와 축하 댓글로 도배를 하지만 정작 일을 당한 본인은 알지도 못하는 때문입니다.

가끔 내 사는 근황을 묻는 지인에게 다람쥐 쳇바퀴 굴리듯 한다고 대답합니다. 그러면 그들은 쳇바퀴 있을 때가 좋은 때라고 맞받습니다. 그러고 보면 좋은 글 퍼 나르는 대부분이 쳇바퀴에서 내려온 사람들입니다. 그래서 쳇바퀴 대신 서핑을 즐기는 것인가 봅니다. 동해 푸른 바다보다 더 넓고 깊은 정보의 바다를 헤집는 동안 옛날 쳇바퀴의 기억이라도 돌아오는 것일까요? 그들은 내가 매일 출근하듯 출석부를 만들어 스스로 확인합니다.
이제 내 정년도 얼마 남지 않았습니다.

사랑과 감사의 기도

처음 입마개를 하고
손등에 소독 거즈를 문지를 때만 해도
한편으론 어색하고
애들 병원놀이 하는 것 같았던 기억이 엊그제인데,
어느새 해를 두 번이나 넘기고 있습니다.
전쟁이 따로 있는 게 아니여.
이게 전쟁이 아니면 무엇이 전쟁이겠어.
평생을 살면서 이런 경우는 처음이라며
어르신마다 푸념 반 짜증 반, 두려움으로
한마디씩 하십니다.

해가 동산에 오르기 전에
쟁기질을 마치고 둘러앉아
전쟁 때 피난길을 따르던 어린 시절부터
밭을 개간하며 겪었던 가난의 세월을
몇 번째인지도 모르게 떠올려 말하며
김매던 흙투성이 손으로
건네던 막걸리 한 사발의
시원한 추억이 그리운 만큼

더욱 입맛 다시게 하는 아쉬움으로
음료수 한 병씩 들고 갈증을 달랩니다.

그렇게 벼가 여물고
새들이 수숫대 꼭대기에 날아들며
제법 단단하게 포기 앉는 배추와
팔뚝만큼 굵어진 김장 무를 둘러보며
이웃을 그리워합니다.
습관처럼 반가운 이웃이건만
어느새 입마개로 가려진 얼굴만큼
낯설은 인사를 나누며
전쟁 때도 금방 고향으로 돌아왔는걸
마음 추스르며 달래 보지만

이웃사촌 정분이
먼 데 사는 친형제보다 낫다는
옛말처럼은 아니더라도
옆집 숟가락이 몇 개인지
손주 자식 학교 들어갈 나이는

되었는지 헤아리며 살았었는데
이제는 이웃한 담장은 없어도
마음의 벽 쌓게 되었습니다.
대수롭지 않은 말끝으로
얼굴 붉힐 일이 따라옵니다.

이게 아닌데, 이게 아닌데
연신 고개 저으면서도
어느새 서러운 마음으로
이렇게 허구헌 날 입마개에
가는 곳마다 체온을 재고
출입 장부를 기록해야 하는지
사람을 만나는 것조차 꺼리게 되면서
내가 무슨 큰 잘못이라도 저질렀기에
형벌 아닌 형벌을 받아야 하는지
반성 담은 기도를 드려 봅니다.

할아버지는 아버지를 낳고
아버지는 나를 낳고, 다시 나는

딸아이를 낳고, 딸아이는 나처럼
사랑을 낳고
사랑은 딸아이를 거두고, 딸아이는
제 어미를 거두고, 그 어미는
서방을 거두고, 서방은 아비를 거두고
아비는 할아버지를 거두고
다시 할아버지는 내 마음속에 살고
그게 사람 사는 순리라던데

옛날 동화처럼
내 아이의 가슴에까지 흘러
마침내 꽃처럼 향기로운
빛으로 영그는 것인데
옛날 역병이 창궐했을 때도 이랬을까.
전쟁 피난길 위로 먼지가 풀풀 날리던
7년 가뭄 끝에 하늘이 뚫린 듯
쏟아부었다던 장맛비에
기둥 하나 남기지 않고 쓸려 보냈다는
그때의 절망이 지금만 못했을까.

절망은 원망이 되고
원망은 다시 비수가 되어
내게 되돌아오는 생활의 반목이더니
그리움이 싹트고, 소망이 자라면서
한여름 그늘처럼 함께 맞서 이겨 내는
지혜를 배웠습니다. 하나씩
눈에 보이고 귀로 듣게 되면서
입으로 말하지 않아도
주렁주렁 가지에 열매 맺듯
삶의 즐거움을 알게 되었습니다.

어느새 마당 그득하게
나뭇잎은 낙엽 되어 떨어지고
입마개와 주먹 인사로 낯설었던
이웃들마다 되돌아 부끄러움 없이
이겨 나가야 할 난세인 것을 알기에
저마다 한 가지씩 내세울 건 없어도
여린 손길로 따뜻한 가슴으로
간지럼 태우듯 속삭이며

어우르며 토닥이며 살아가면서
그렇게 서로에게 위로가 되었습니다.

바쁜 생활의 틀에 갇혀
한 번도 보지 못했던 봄꽃이
바람결에 피어오르는 꽃향기가
코로나19의 절망과 함께
내게서 영영 떠나 버린 것 같았던
삶의 언저리에서 기다리고 있었음을
비로소 알게 되었습니다.
되돌아가야 할 내 삶의 터전이 여전히
잔잔한 향기를 간직한 채
기다리고 있음을 알게 되었습니다.

모두들 떠났다고 느끼며
그 빈자리마저 남지 않았다는 생각에
쳐다보기도 싫었던 그곳에서
나를 그리워하고, 당신을
그리워하는 간절한 소망이

오롯이 자라고 있었습니다.
꽃을 닮은 얼굴로
꽃향기를 닮은 사랑으로
소리쳐 부르는 소리를
이제야 듣게 되었습니다.

들꽃 한 송이 같았던
이웃의 소중함을 생각하며
간절한 소망과 사랑으로
기도하는 마음이 생겨났습니다.
온전한 신념을 갖게 하시고
화평한 생활을 지켜 주시며
몸과 마음이 강건하게 하소서.
당신을 믿는 마음으로
늘 기도하며 노력하게 하시고
그 결실에 기뻐하게 하소서.

눈길 한번 주지 않은 서로에게
언제나 고마움의 눈빛으로

마주 서게 하시고
나란히 바라보게 하소서.
내 손에 쥔 모든 것을
고루 펴서 나누게 하시고, 그것이
풍요로움의 씨앗임을 알게 하소서.
사랑의 시작이 되며
평안의 중심이 되고
감사의 은총임을 알게 하소서.

시평(詩評)을 대신합니다

이름이 있어야 이름값을 합니다

안녕하십니까?

올해 추석 연휴는 건강하며 즐겁고 풍요로우셨는지요.

저는 그 기간에 가수 나훈아 관련 뉴스를 들으면서 또 언론이 무슨 헛소리를 하는가 싶어 직접 나훈아의 이야기를 들어야겠다 생각하던 차에 마침 재방송을 한다기에 끝까지 보고 들었습니다.

그는 "지금까지 백성을 위해 목숨을 바친 임금이나 대통령은 없었으며, 국민에게 힘이 있어야 위정자가 나오지 않는다."라고 하더군요. 저는 그중 위정자에 대하여 생각해 보았습니다. 정치를 하는 전문가로서의 위정자(爲政者)가 아닌 정치를 가장하여 자신의 사리사욕을 채우려 드는 위선자로서의 위정자를 꼬집은 말이라는 결론에 도달하였습니다.

사실 지금의 우리 현실을 볼 때 틀린 말은 아닌 듯싶기도 합니다.

털어 먼지 안 나는 사람 없다지만 정부와 여당 야당 어디 한 집단을 가릴 것 없이 어떤 기준이나 구심점도 없이 집단을 이끄는 지도자는 더욱 존재하지도 않은 채 당리당략에 의해 해도 너무한다 싶게 싸워 이기려고만 하는 작태를 보며 한숨만 나오는 게 요즘 아닙니까.

옛날 군주 시대부터 최근까지 임금이나 대통령이 찾아 인사드리며 자문을 구하던 정신적 지도자가 늘 있었던 것으로 기억하는데 최근에는 그런 이야기를 들어 본 적이 없습니다. 이곳 원주도 얼마 전까지는 고 김수환 추기경이나 고 장일순 선생님 같은 분들이 계셨습니다. 이 고장은 물론 우리나라의 정신적 지도자로서 그 역할을 하였지만 돌아가시고 난 뒤에는 그런 어른이 계시지 않아 안타까울 뿐입니다. 원칙과 기준은 처음부터 존재하지 않았던 것처럼 여기는 사람들이 자신의 이해관계에 따라 아무렇지 않게 말 바꾸기는 물론 행동거지까지 다르게 하는 것이 만연한 지금의 현실이 자라나는 청소년들에게 부끄럽기까지 한 것은 비단 저 하나의 생각은 아닐 것입니다.

요즘 고등학교 1학년 학생들과 수업하면서 가장 하고 싶은 것이 무엇인가를 물어보았습니다.
"여러분의 소원은 무엇입니까?"
"지금 여러분이 하고 싶은 것은 또 무엇입니까?"
학생들 대부분 내신 관리와 가족여행을 꼽았습니다. 그런데 놀면서 내신 올라가는 경우를 여러분은 보셨습니까? 우리들 대부분 아니라고 하겠지만 상위권 1% 안에 드는 학생들은 자신이 즐기는 공부, 하고 싶은 공부를 하고 싶은 때에 하기 때문에 그런 결과가 가능하다고 말합니다. 그런데 정말 즐기는 공부를 하고 싶은 게 전부일까 생각해 봅시다. 다른 목적이 있는데, 그것을 이루기 위한 과정이자 방법의 하나가 공부는 아니었을까요? 실제로 1등급에 속하는 학생 중 많은 학생들이 자신의 등급이나 성취 결과에 만족하지 못하는 경우가 있음을 보게 됩니다. 그리고 어떤 학생에게서는 부모님께서 1등을 해야 한다고 해서, 무엇이든 이겨야 한다고 해서 그대로 했을 뿐이라는 대답을 듣기도 하였습니다.

　우리나라에서 전문성이 가장 요구되고, 재학하는 동안 대학 내에서 최상위 집단에 있다는 자부심과 함께 취업 또한 국가고시만 합격하면 문제없다는 의예과나 간호학과에 진학한 학생들의 학교생활이, 교과 수업이 즐겁기만 하겠습니까? 내가 자신 있게 말할 수 있는 것은 그 분야의 대부분 학생들이 그렇게 즐겁고 행복한 생활을 하고 있지 못할 것입니다.

　고등학교 내내 선생님들은 자신의 적성에 맞는 학과, 역량에 맞는 대학 진학을 강조하셨지만 결국 원서를 쓸 때가 되면 성적에 따른 대학 선택이었기 때문입니다. 공부하고 싶은 학과를 정하기에 앞서, 가고 싶은 대학이 아니었다는 생각이 우선하기 때문에 즐거움이 덜한 것입니다.

　사람들은 의예과나 간호학과에 진학했다고 하면 취업 걱정은 없겠다고들 말하지만, 저는 오히려 많이 힘들겠다고 말합니다. 취업이 잘 된다는 것은 그만큼 이직률이 높다는 것이고, 이직률은 그만큼 업무가 고되다는 것이기 때문입니다. 그렇게 힘든 전공을 배우고 익혀야 하는 과정이 얼마나 고된 생활이겠습니까. 그렇게 힘든 과정과 국가고시라는 관문을 넘어 취업한 병원에서의 생활도 환자 간호뿐만 아니라 동료 직원들과의 관계에 이르기까지 결코 쉽지만은 않을 것입니다. 요즘 언론에서 고발하여 보도하는 의료계 비리도 어쩌면 모두가 어렵다고 하는 과정을 통과한 엘리트 의식의 비뚤어진 표현 방법이겠지요. 상대에게 모멸감을 줌으로써 내가 제일 똑똑하고 능력 있음을 과시하는 수단의 한 방법이라고 할까요?

여러분이 기억하고 있을지 모르겠습니다만 어느 코미디 프로에서 "쇠고기 사 먹겠지."라는 말이 유행한 적이 있었습니다.

두 사람이 나와 대담을 하는데 젊은 친구가 소원을 이야기하자 노인이 "그것이 이루어지면 뭐 할 건데, 그야 쇠고기 사 먹겠지." 하고 반복하는 것으로 우리가 이루고자 하는 것이 부질없음을 역설적으로 표현한 것이었습니다. 사람들이 세우고 추구하는 목표가 각자 누리는 진정한 삶의 행복이 아닌, 남에게 보여 주는 것을 우선으로 하는 세태에 대한 풍자이기도 한 것이겠지요. 하고 싶은 것을 하고 싶은 때에 하는 것, 그것이야말로 우리의 평생소원인 행복하게 사는 것입니다. 그런데 이 글을 읽는 여러분들 가운데 한 가정의 가장으로, 아버지와 어머니로 사시는 여러분 자신이 정말 무얼 하고 싶고, 무얼 할 수 있는지 분명히 깨닫고 실천하며 사는 사람이 몇이나 될까요?

저도 요즘 주변에서 학생들 가르치기가 어렵지 않느냐는 질문을 받을 때마다 학생 가르치기보다 더 어려운 것이 학부모라고 말합니다. 이런 현상이 어디 병원과 학교뿐이겠습니까.

편의점 사장님에게 물어보면 물건 파는 것보다 직원 관리하는 게 더 힘들다고 말하고, 반대로 직원은 매장 관리보다 사장 눈치 보는 게 더 힘들다고 말하는 세상입니다. 식당도, 주유소도, 상점도 기업도, 모두 한결같이 사장은 근로자를, 근로자는 고용주를 상대하기가 더 어렵다고 합니다.

하고 싶은 것을 이루었다고 느끼는 순간 빠져나오기 어려운 허무의식을 느끼는 것이 우리네 현실이랍니다. 그러다 보니 남들에게 보이는 가치와 행복에 끌려다니는 인생 끝에 허무를 극복하지 못하고 자살하는 어른과, 사회적으로 인정받는 성공 가치에 도취되어 온갖 갑질을 성공의 상징으로 여기며 파렴치한 생활에 젖어 사는 어른들. 처음부터 부모와 주변의 기대치에 부응하기에는 이룰 수 없는 꿈에 대한 절망과 좌절감으로 자살하는 청소년, 이룰 수 없는 꿈의 보상적 대처로 일탈과 탈선으로 얼룩지고 마는 청소년들의 비율이 세계 1위를 굳게 지키는 것도 모두 이러한 이유 때문 아니겠습니까? 이런 것을 주객전도라고 했던가요? 본질은 어디론가 실종되고 부수적인 것만 남아 우리를 더 힘들게 하고 있는 세상이 되었습니다.

이쯤에서 여러분 모두 알고 있을 단군신화에 대하여 얘기해 봅시다.
환웅이 신단수 아래 있을 때 곰과 호랑이가 와서 사람이 되게 해 달라고 했다지요. 그때 환웅은 둘에게 쑥과 마늘만 먹으면서 백 일을 견디라고 합니다. 그런데 호랑이는 이를 견디지 못하고 뛰쳐나갔지만 곰은 참고 견딘 끝에 사람이 되어 단군의 어머니가 됩니다. 곰은 며칠이나 쑥과 마늘로 견뎠을까요? 그리고 호랑이는 왜 끝까지 참고 견디지를 못했을까요?

지금까지 우리는 단군신화를 배우면서 "호랑이는 인내력이 부족해서 사람이 되지 못했고, 곰은 강한 인내력으로 사람이 되었대. 그래서 우리 민족은 여자가 된 곰처럼 여성스럽고 참는 거 하나는 끝내주는 민족이 되었대."라는, 뭐 이런 얘기들로 끝나고 말았습니다. 획일적이고 일방적인 교육이었던 셈이지요.

　호랑이는 육식성 동물입니다. 그런 호랑이에게 쑥과 마늘만 먹으라고 하는 것은 초식성에 가까운 곰과 처음부터 공평하지 않은 기울어진 운동장에서의 경쟁을 했던 것입니다. 그리고 곰이 강한 인내력으로 버텼다고 하는데 며칠이나 버텼을까요? 백 일이라고 생각하는 사람이 의외로 많음을 보고 놀랐습니다. 곰은 스무하루를 버티고 사람이 되었습니다. 아마 백 일 전부를 버텼으면 곰은 사람이 아닌 신이 되었을 것입니다.

　백이라는 숫자는 순우리말로 온이라고 말합니다. 온 백성, 온 세상 모두가 백이라는 수를 내포하면서 곧 모든, 완벽한이라는 뜻으로 쓰이고 있습니다. 아기가 태어나 처음으로 사람들을 모아 축하하는 백일잔치도 비로소 완벽한 사람이 되었다고 하는 상징을 갖는 것입니다. 그런데 곰은 21일 만에 사람이 됩니다. 요즘은 볼 수 없는 풍경입니다만 옛날에는 아기를 낳으면 삼칠일(스무하루) 동안 대문에 금줄을 쳐서 사람의 출입을 막았습니다. 그럼 여기서 21이라는 숫자의 의미는 또 무엇일까요. 바로 21일은 인간으로 태어나 최소의 면역 저항체를 갖추는 데 필요한 기간이고, 산모의 입장에서는 임신으로부터 출산에 이르기까지 소용되었던 몸 안의 온갖 것들이 배출되고 정화되는 시기인 것입니다. 쑥과 마늘 모두 그러한 기능을 향상시키는 성분을 포함하는 음식인 셈이지요.

단군신화를 또 다른 입장에서 살펴봅시다.

단군신화의 전파와 기록 보존의 과정도 석연치 않은 부분이 많음을 보게 됩니다. 문자가 보급되기 이전의 시대에 산문으로 이어져 내려오는 게 노래로 불리는 것보다 쉬운 방법이었을까를 고민해 봅니다. 동서양 다른 나라와 민족들에 전승되는 설화와 신화들을 보면 하나같이 노래가 먼저 불리고, 이를 이야기로 꾸며 발전시킨 산문이 전합니다. 그런데 유독 단군신화만 노래 하나 없이 달랑 산문으로 된 이야기만 전합니다.

구지봉 설화의 경우에도 〈구지가〉라는 노래를 근거로 하여 여섯 부족의 대표가 모여 구지봉에 올라 알 하나를 얻어 탄생시키는 이야기가 만들어지고, 신라 향가 〈해가〉나 〈헌화가〉 역시 노래 뒤에 수로 부인의 서사 이야기가 자리 잡고 있는데, 단군신화만 노래 한 소절 없이 전승되고 있는데도, 지금까지 우리는 그것을 전혀 이상하게 여기지 않고 살았습니다. 정말 단군신화는 서양의 '일리아드'나 '오디세이' 같은 〈그리스 로마 신화〉를 뒷받침해 주는 노래가 처음부터 없었을까요?

그리고 한 가지 더 짚고 싶은 것은 단군왕검의 복장입니다. 약간의 차이는 있습니다만 영정 대부분 나뭇잎으로 장식(?)한 옷을 걸치고 있는 것을 볼 수 있습니다. 동일한 시기나 비슷한 연대에 나타난 다른 나라와 민족 신화의 주인공들은 전혀 그렇지 않은데, 왜 단군왕검만 헐벗은 원시시대를 연상하게 하는 복장일까 생각해 보신 적이 있습니까? 이러한 상황에 대한 근거로 일제 강점기 때 일본이 저지른 민족성 말살정책의 결과라고 하는 사람도 있습니다만 결과적으로는 자신을 지키지 못한 우리 스스로 부끄러워해야 할 일인 것입니다.

또 어떤 사람은 당시 사회 구조를 근거로 단군신화를 평가하기도 하더군요. 당시의 사회는 제정일치(祭政一致), 즉 종교와 정치가 한 주체에 의해 이끌어지던 사회였습니다. 단군과 왕검이 의미하는 것이 종교의 주술적 의식과 군주로서의 권위라고 할 수 있는 것이지요. 어떤 사람들은 제사장의 경우 제도적으로 혼인하지 않았다고 하면서, 환웅과 웅녀의 결합은 결혼이 아니라 부족 간 결합일 것이라고 말하기도 하지만 당시의 결혼 제도가 지금과 같지 않아 무어라 단정 짓기는 어려울 것입니다. 남녀 간 결혼에 의한 결합이든, 부족 간 연대 결합이든 단군신화가 우리에게 말하고 싶었던 것이 어느 한 가지만의 지식은 아니었을 텐데, 우리 사회는 지금까지 홍익인간 하나만으로 단군신화를 모두 이해한 것처럼 여기며 살아왔습니다. 중요한 것은 앞에서 얘기한 것처럼 단군신화에는 부당한 경쟁으로부터 시작해서 목적한 것을 이루기까지의 고된 과정, 숫자가 상징하는 사회성, 생체학 등 다양한 지혜가 깃들어 있음에도 불구하고 우리는 오직 국정 운영에 도움이 될 만한 홍익인간, 배달민족 그것뿐이었습니다.

고전문학 한 편 더 나누어 보겠습니다.

여러분 모두 《흥부전》의 줄거리를 잘 알고 있을 것입니다.

흥부와 놀부 중 누가 더 착한 사람이던가요? 전하는 책마다 성씨와 이름부터 다르게 나오는 것에 당황한 적은 없으셨나요?

연놀부와 박흥부, 놀보와 흥보. 두 형제가 성씨가 다르게 나오기도 하고, 이름도 놀부였다가 놀보가 되는 것을 눈치챈 사람도 별로 없을 터인데, 그게 중요한 것은 아니었을 것입니다. 누가 착하고 누가 나쁜 사람인지만 가려내면 되는 게 우리의 할 일이었을 테니까요. 권선징악을 주제로 쓴 이 작품에서 당연히 착한 사람은 흥부였을 것입니다. 그러나 1970년대에 접어들면 흥부는 잘 키운 딸 하나 열 아들 안 부럽다는 국가 시책을 정면으로 거스르고 아이를 열 명 넘게 낳은 못된 사람 소릴 들었을 겁니다. 그렇지만 불과 반세기도 채 지나지 않아 흥부는 출산이라는 면에서만 보면 국가가 가장 본받게 하고 싶은 인물형이 되어 있지 않습니까? 정말 흥부가 착하기만 하고, 모범적인 사람이었는지 한번 차례대로 작품을 짚어 보겠습니다. 흥부는 형 놀부에게 문전박대를 당하고 동네 밖 양지바른 언덕에 거적을 씌워 움막을 만들고 임시 거처로 살기 시작합니다. 불쌍해 보이죠. 그러나 이 순간 흥부는 남의 토지를 무단으로 점유한 잘못과 무허가 주택 건설이라는 두 가지 범죄를 저지르게 됩니다. 그리고 집에 둥지를 튼 제비 집에 기어오르던 뱀을 지게 작대기로 쳐서 죽이는「야생생물보호및관리에관한법률」위반을 저지르는 동시에 제비의 부러진 다리를 고쳐 줌으로써 무면허 의료 행위까지「의료법」위반의 죄를 짓게 되지요. 이듬해 제비가 강남에서 물고 온 박씨를 떨어뜨리자 그것을 주워 울 밑에 심습니다. 엄연한 절도 아니면 장물 취득인 셈입니다. 여기에서 제비를 중심으로 보면 또 다른 이야기가 될 수도 있습니다. 제비는 강남에 살지요? 강남은 남쪽 지방을 의미하는데, 그곳은 따뜻하고 풍요로움의 상징으로 쓰입니다. 그리고 제비의 박씨는 은혜를 갚는 윤리의식의 표현일 것입니다. 은혜를 원수로 갚은 인간들과 달리 보답을 당연한 원리로 여기는 제비에게서 배울 점이 있음을 우리는 또 놓치고 있었습니다. 박씨는 싹이 트고 무럭무럭 자라더니 지붕 위에서 복스럽게 익어 갑니다. 흥부가 그 박을 타는데, 재물이 쏟아지고 고래등만 한 기와집이 우뚝 서더니 세 번째 박에서 양귀비가 나옵니다. 흥부는 냉큼 박에서 나온 양귀비를 첩으로 맞아들이지요. 요즘 제일 무섭게 다루고 있는 불륜을 저지른 것입니다.

《흥부전》을 이렇게 뒤집어서 털어 보니 전혀 엉뚱한 소설이 되고 말지요? 그런데도 당시 작가는 이러한 흥부를 따라 하려는 놀부에게 돈 보따리 대신에 똥자루를 씌우고, 양귀비 대신 장비를 보내어 흠씬 두들겨 패는 것을 응징의 상징으로 보여 줍니다. 누가 죄인이고 누가 의인인지 모르겠습니다. 우리는 그동안 《흥부전》을 감상하는 태도처럼 단순한 흑백논리로 착한 사람은 복을 받고, 악한 사람은 벌을 받는 것으로 교육받아 왔습니다.

여러분의 지금 생활은 어떤가요.
혹시 재산이나 권력 앞에서는 착한 시민이고, 부모님이나 가족에게는 한없이 착한 사람이다가 그들이 보이지 않는 생활에서는 그렇지 않은 사람은 아니었습니까? 혹 그 반대는 아니었습니까? 누군가에게는 한없이 약한 사람이지만 다른 곳에서는 옳지 못한 힘을 내세워 상대를 괴롭히는 그런 사람이 되지는 않았습니까? 무엇이든 뒤집어 보면 겉이 안으로 보일 수 있고, 투박한 것도 상대에 따라 곱디고운 것으로 느껴질 수도 있는 것입니다.

역지사지라고 했던가요? 인지상정이라 했던가요? 진정한 힘은 완력으로, 여럿이 의기투합하여 몰아붙이는 것이 아닌 묵묵히 자신의 역량을 드러내 보이는 데서 나오는 것입니다. 그것은 지식으로 배워 아는 것으로는 불가능할 것입니다. 그것은 경험으로 알아야 하는 것입니다. 그렇게 자신의 소신을 지키며 역량을 드러내는 것으로 고마워하고 행복하게 느끼는 삶을 살 수 있는 것은 어떠한 시련과 유혹에도 흔들리거나 뽑히지 않는 정신의 뿌리가 자리 잡고 있을 때 비로소 가능할 것입니다.

이제 우리 동네 이야기를 해 봅시다.

여러분이 다 알고 있듯이 원주에는 치악산이 우뚝 솟아 있습니다.

처음에는 가을 단풍의 아름다움 때문에 적악산(赤嶽山)이었지만 꿩이 많아 치악산(雉嶽山)으로 바뀌었다지요. 어떤 이는 꿩 전설 때문에 이름이 그리되었다고도 합니다. 우리나라에는 오행사상에 준거하여 동서남북과 중앙을 대표하는 산으로 오악이라는 게 있습니다. 백두산, 금강산, 묘향산, 지리산, 삼각산을 일컫는 말인데, 해마다 봄과 가을에는 국가가 관장하는 제사를 지냈다고 합니다. 제가 어렸을 때 높고 험준한 산을 가리키는 우리나라 5대 명산을 가리켜 오악(五嶽)이라 부르는 것으로 오해하고 치악산도 1,288m 높이의 산이라서가 아니라 이 오악 가운데 하나인 줄 알았었습니다. 그때 우리는 에베레스트

등정을 하는 산악인들의 기초 훈련을 반드시 치악산에서 한다느니, 해마다 사상자를 낼 정도로 험준한 산이라느니 하면서 치악산의 위용에 빠져들고 뽐냈었습니다. 그리고 매주 시루봉에 오르는 것을 큰 기쁨으로 여기기도 했습니다. 요즘 사람들은 그 꼭대기를 비로봉이라고들 합니다. 그런데 나는 사람들이 '비로봉'이라고 할 때마다 너무 수치스럽고 가슴이 아파 오는 것을 느낍니다. 엄연한 이름 '시루봉'을 스스로 버리고도 전혀 부끄러움 없이 사는 원주 사람들이 야속하기까지 합니다.

여러분이 태어날 때 부모님이나 집안의 어른 중에 태몽을 꾸신 분이 있나요? 여러분의 이름은 어떤 의미를 품고 있는지 알고 계신가요? 아마도 여러분의 출생과 관련한 태몽이나 부모님께서 주신 이름이 장난스럽거나 의미 없이 지어진 것은 없을 것입니다. 사람의 태몽처럼 시루봉도 미처 우리가 알지 못했던 '전설'을 지니고 있습니다. 그것은 구룡사 전설과 연관된 것이면서 구룡사 전설에 묻히고 말았는데, 새삼 알려고 하는 사람이 별로 없어 안타까움이 큽니다. 지금은 꿩 보은설화조차 과학적, 생물학적 논리로 뒤집으려는 사람들에 의해 변질되고 구룡사 전설마저 우리의 기억에서 지워지고 있기는 하지만 말입니다.

그럼 지금부터 시루봉 전설을 알아봅시다.

의상대사가 전국 명산을 돌며, 절터를 찾던 중에 치악산에 들어왔습니다. 마침 지금의 구룡사 터에 와서 보니 명당 중에 명당인지라 절을 세우려다가 큰 바위를 발견하고(제가 어릴 때 그 바위의 이름이 거북바위라고 들었습니다.) 지팡이로 내리치자 바위가 쪼개지면서 용 아홉 마리가 나오더랍니다. 그중 여덟 마리는 산 능선을 따라 하늘로 올라갔지만 막내는 미처 피하지 못해 계곡 아래 소에 숨어들었다지요. 그래서 그곳을 구룡폭포라고 부르게 되었습니다.

  달리 전하는 이야기에 의하면 지금의 대웅전 자리가 원래는 연못이었답니다. 연못에 살던 아홉 마리의 용이 의상대사와 도술 시합을 벌여 의상대사에게 지고 여덟 마리는 동해 바다로 도망갔으나 한 마리는 눈이 멀어 도망하지 못하고 연못에 머물렀으므로 구룡사(九龍寺)라고 했답니다. 세월이 흐르고 절이 퇴락하였는데 한 노인이 나타나 절 앞에 거북바위 때문이니 쪼개 없애라고 하여 그대로 했으나 형편이 더 어려워졌답니다. 그때 다른 노인이 나타나 거북의 기운이 끊어져 절이 쇠락한 것이니 다시 혈맥을 이어야 한다고 하여 절 이름이 구룡사(龜龍寺)로 바뀌었다고 합니다.

  한편 하늘로 도망간 여덟 마리 용이 억울한 마음을 참지 못하고 의상대사가 절을 짓지 못하게 하는 방법을 의논한 결과, 물에 잠기게 하는 것이 제일 좋다는 의견을 모아 바로 비를 내리기 시작하였습니다. 그렇게 몇 날 며칠을 비가 내리니 산꼭대기까지 물이 차오르게 되었고, 이쯤이면 되었다 싶을 때에 그 꼭대기를 바라보니 마치 시루를 엎어 놓은 것처럼 봉우리 끝만 남았더랍니다. 그래서 사람들이 치악산 비로봉을 '시루봉'이라고 불렀다고 합니다. 그런데 용이 타고 올라갔다는 능선을 살펴보면 소름이 돋을 정도입니다. 치악산의 능선이 정확하게 여덟 개인데, 그 능선을 자세히 보면 마치 용이 꿈틀거리는 형상 그대로이기도 하거든요.

그럼 '비로봉'은 무엇일까요? 비로(毘盧/毗盧)는 불교에서 '높다'는 뜻으로 쓰이는 말입니다. '비로자나(毗盧遮那)'는 모든 곳을 비추는 부처님의 몸에서 나오는 빛을 뜻하는 말이지요. 불교에서 부처님을 모시는 가운데 가장 중심에 있는 부처(보살)를 가리키는 말이며, 이것이 산의 정상이라는 뜻으로 쓰이면서 비로봉이라는 호칭으로 불리게 됩니다. 즉 모든 산의 정상이 바로 비로봉인 것이지요. 정확하게 말하자면 치악산 비로봉은 '시루봉'이고, 백두산 비로봉은 '천지연'이며, 한라산 비로봉은 '백록담'인 것입니다. 그리고 이름 없는 산은 그냥 비로봉인 것입니다. 물론 치악산의 비로봉(飛盧峯)과 한자를 달리하기는 하지만 금강산이나 묘향산 꼭대기도 비로봉(毘盧峯)이라 하고 소백산이나 팔공산도 그 꼭대기를 비로봉이라 부르고 있습니다. 제가 여기에서 이야기하고 싶은 것은 비로봉 자체가 나쁘다는 것이 아니라 치악산에 붙여진 비로봉이 잘못된 것임을 지적하고 고치려고 하는 것입니다. 간혹 시민 중에 산꼭대기에 쌓아 올린 탑의 모양 때문에 시루봉이 되었다고 여기는 분이 있는데 그것은 잘못된 사실입니다. 그 탑은 불과 반세기 전에 봉산동에 살던 용씨 성을 가진 어떤 분(용창중이라고도 하고 용진수라고도 함)이 쌓아 올린 것으로 그동안 세 번의 낙뢰 사고가 있었는데, 80년대 중반에 이를 복원한다는 시민운동이 활발히 전개되는 과정에서 (물론 저의 기억이 전부는 아니겠지만) '시루봉' 이름을 스스로 버리는 어처구니없는 일이 벌어진 것으로 기억하고 있습니다. 그래서 엄연히 봉우리의 제 이름이 있는 치악산을 하찮은 산으로 만들어 버린 잘못을 전혀 느끼지 못한 채 살아가는 원주 시민들이 야속한 것입니다. 자기 것이라면 동전 한 닢, 과자 부스러기 하나라도 벌벌 떨며 아까워하고, 절대로 남에게 빼앗기지 않으려고 애쓰는 사람들이 자기가 살고 있는 터전의 근본이 되고 뿌리가 되는 역사가 왜곡·변질되어 전해지는 것에는 관심조차 없는지 안타깝기까지 합니다.

　작년에는 3·1운동 100주년이라고 전국이 떠들썩하더군요. 그런데 기념행사가 끝나고 우리는 어떠했습니까? 아직도 그치지 않는 친일 논쟁부터 정권을 위해서라면 정의나 윤리 같은 것은 처음부터 무시하고 개싸움 하듯 으르렁대는 일부 집단의 행태를 보면서, 국민의 권리나 복지를 볼모로 저들의 잇속을 뒤로 감춘 채 기회만 엿보는 일부 파렴치한들을 보면서, 할머니들의 억울한 성 노예의 역사와 강제 징용 부역으로 희생한 분들에 대하여 저마다 자기에게 유불리의 논거만 찾으면서 물질적인 이익에 급급하여 숭고한 정신문화를 외면하고 있다는 생각, 해 본 적은 있으신가요? 말살되고 변질된 역사와 그 뿌리를 되살리려는 노력이 느껴지시던가요? 민족의 정기를 끊겠다고 일제 강점기 때 박았다는 쇠 말뚝을 뽑아야 정기가 되살아난다면서 쇠 말뚝을 뽑는 일에 인생을 바친 사람이 있는가 하면, 그 산의 허리를 뚝 잘라 도로를 내고, 댐을 만든다고 문화유적을 이전하고, 당장의 편리함 때문에 일본산 제품을 고집하는 사람들도 많았지요. 양반을 착취와 수탈이나 일삼는 파렴치한으로 만들고, 백성들을 이기적이고 자기중심적인 냄비 근성의 사람들로 만들어 놓으며 사대주의에 젖어 사는 미개한 민족으로 만들어 놓은 지난 35년의 치욕을 제대로 알고 있는 사람들이 또 얼마나 되겠습니까?

  우리가 중국 사람들을 가리켜 되놈이라 하고, 일본 사람들은 쪽발이라고 합니다. 또 그들은 우리를 가리켜 오랑캐 취급을 하고 조센징이라 한다지요. 그런데 그들이 위기 상황에서 어떻게 결집을 하고, 어떤 방법으로 위기를 타개해 나가는지 생각해 보신 적이 있습니까? 각 나라에서 볼 수 있는 담장으로 그 성격을 짐작할 수 있는데, 중국의 담은 보통 사람의 키를 훌쩍 넘게 높고 두꺼운 반면에 우리나라의 담은 대체로 사람의 키를 맞추고 있거나 약간 낮은 듯한 높이입니다. 일본의 담은 대체로 어깨높이이거나 그 아래라고 하지요.

  되놈들은 처음 사귀기가 정말 어렵습니다. 그런데 한번 마음이 소통하고 친분이 쌓이게 되면 그 정분과 의리는 끊기가 불가능할 정도로 돈독합니다. 쪽발이는 어떻습니까? 처음에는 그들의 친절함에 덩달아 공손해지게 되는데, 절대로 약점을 보여서는 안 되는 것이 그들과 함께 지내는 방법이랍니다.

  지난해에 일본을 휩쓸고 간 태풍 하기비스 때문에 피해가 컸다고 하지요. 정부에서 비상식량과 물품을 준비하라는 독려 방송까지 했다니 그 피해의 정도를 짐작할 수 있겠습니다만, 그 와중에 우리를 돌아보게 하는 사진 한 장을 보았습니다. 그것은 일본 어느 마트의 진열대인데, 사재기로 진열대가 텅 비어 있음에도 유독 우리나라에서 만든 라면만 그 빈자리를 채우고 있었습니다. 우리가 일본 제품 불매운

동을 시작할 때 저들은 무어라고 했던가요? 모두가 사정이 매우 좋지 않고, 더 나빠질 것이라는 우려를 하고 있는 지금도 일본의 정권은 원전 사고 후유증과 함께 진실을 감춘 채 호도하고 있음을, 그런 정책에도 불구하고 일본 국민들의 목소리는 그리 높지 않은 이유를 작고 사소한 것 하나에도 악을 쓰듯이 목소리를 높이며 상대를 폄하하고 상처를 주는 우리네 생활과 견주어 깊이 생각해야 할 것입니다.

광복이 되고 6·25 전쟁을 겪으면서 세계에서 그 유래를 찾기 어려울 만큼 빠른 경제 성장을 하는 동안 우리의 정신적 가치는 거기에 걸맞은 성장을 하였을까요? 경제 발전을 위하여 초가집과 기와집을 허물고, 곳집과 당숲을 밀어 버린 자리에 공장과 아파트를 세우는 동안 우리의 전통과 이를 바탕으로 했던 정신문화도 함께 허물어졌음을 깨달아야 합니다. 결국 온갖 동네 축제마다 똑같은 야시장 먹거리와 사행 놀이가 주류가 되고 마는 오늘이 되었습니다.

이제부터라도 우리는 스스로 내가 살고 있는 삶의 터전에 올바로 뿌리내리는 정신문화를 이루어야 할 것입니다. 큰 이념이나 거국적인 운동이 아닌 골목마다 언덕과 골짜기마다 깃들어 있을 옛이야기들을 찾고, 무속이네, 민간요법이네 하여 사람들을 미혹하게 하는 미신인 것으로 치부하며 멸시당했던 우리의 전통과 생활의 지혜를 찾으며, 그 속에 배어 있는 선조들의 얼을 되살리려는 노력을 해야 합니다. 그래야 돈을 벌고 승진을 하며 사회적으로 성공적인 삶을 살면서도 마음이 행복하지 않은 생활을 씻어 낼 수 있을 것입니다. 진정한 행복이 무엇인지 깊은 고민을 해야 여러분이 지금까지, 그리고 앞으로도 매달려 노력해야 하는 공부의 의미를 깨달을 수 있을 것입니다. 하고 싶은 것을 하고 싶은 때에 할 수 있는 사회, 무엇을 하고 싶고, 또 무엇을 할 수 있는 사람인지 스스로 결정하고 실천할 수 있는 삶, 그래서 행복을 누리는 삶, 그것은 바로 제대로 뿌리내리는 정신문화가 바로 서야 가능한 것입니다. 그리고 그러한 정신문화는 내가 사는 울타리 안에서, 내가 사는 골목 안에서 찾아야 하는 과제이기도 합니다.

여러분 모두 행복한 삶의 주인공이 되시고, 행복의 전도사가 되시기를 기원합니다.

고맙습니다.